조선의 으뜸 화가 김홍도

웅진 주니어

책마을 인물이야기 6 - 김홍도
조선의 으뜸 화가 김홍도

초판 1쇄 발행 2014년 6월 16일
초판 14쇄 발행 2024년 4월 19일
글 원재길 | 그림 윤정주
발행인 이봉주 | 도서개발실장 안경숙 | 편집인 이화정 | 책임편집 김연희
기획·편집 이해선 | 디자인 하늘·민 | 마케팅 정지운, 박현아, 원숙영, 김지윤, 황지영 | 제작 신홍섭

펴낸곳 (주)웅진씽크빅
주소 경기도 파주시 회동길 20 (우)10881
문의전화 031)956-7402(편집), 031)956-7569, 7570(마케팅)
홈페이지 www.wjjunior.co.kr | 블로그 blog.naver.com/wj_junior | 페이스북 facebook.com/wjbook | 트위터 @new_wjjr
인스타그램 @woongjin_junior | 출판신고 1980년 3월 29일 제 406-2007-00046호 | 제조국 대한민국 | 사용 연령 7세 이상

글 ⓒ원재길 2014 | 그림 ⓒ윤정주 2014
저작권자와 맺은 특약에 따라 검인을 생략합니다.
ISBN 978-89-01-16542-4 · 978-89-01-14495-5(세트) 77990

웅진주니어는 (주)웅진씽크빅의 유아·아동·청소년 도서 브랜드입니다.
이 책은 저작권법에 따라 보호받는 저작물이므로 무단전재와 무단복제를 금지하며,
이 책의 내용 전부 또는 일부를 이용하려면 반드시 저작권자와 (주)웅진씽크빅의 서면동의를 받아야 합니다.

잘못 만들어진 책은 바꾸어 드립니다.
※주의 1_책 모서리가 날카로워 다칠 수 있으니 사람을 향해 던지거나 떨어뜨리지 마십시오. 2_보관 시 직사광선이나 습기 찬 곳은 피해 주십시오.
웅진주니어는 환경을 위해 콩기름 잉크를 사용합니다.

조선의 으뜸 화가 김홍도

글 원재길 · 그림 윤정주

웅진주니어

 차례

호랑이 그리기 …… 6

흥겨운 장터 사람들 …… 18

그림에 관한 일은 모두 홍도에게! …… 34

신선을 부르는 악기 연주 …… 46

화가가 되고 싶어? …… 56

호랑이 그리기

김홍도는 강세황네 집 대청마루에서 강세황과 나란히 바닥에 앉았어요. 강세황이 소매를 걷고 비단을 내려다보며 붓을 들었어요.

"자, 준비되었지? 누가 더 멋진 호랑이를 그리는지 겨루어 보세."

강세황은 김홍도의 스승이었어요. 시와 글씨와 그림 등 모든 분야에서 온 나라에 이름난 예술가였어요. 조선 예술계를 이끄는 우두머리라는 뜻에서 '예원의 총수'로 불렸지요.
김홍도는 아직 젖니를 갈지 않은 코흘리개 시절부터 훌륭한 스승 밑에서 그림을 배웠어요. 나날이 눈에 뜨이게 솜씨가 늘어, 스무 살 때 오래 꿈꾸어 온 화원이 되었어요. '화원'은 나라에서 쓰는 모든 그림을 다루는 도화서에서 그림을 그리는 화가예요.

김홍도는 숨을 고르며 자세를 바로잡았어요. 비단 귀퉁이에 잡힌 주름을 손바닥으로 문질러 바로 폈어요.
붓을 들어 먹물을 찍으며 말했어요.

"제가 어떻게 감히 스승님과 솜씨를 겨룰 수 있겠습니까?
어쨌든 호랑이 한 마리를 붙잡아 비단에 앉혀 보겠습니다."

강세황이 김홍도를 쳐다보고 껄껄 웃었어요.
"우리 둘 다 호랑이를 붙잡으려면 힘 좀 써야겠는걸!"

두 사람은 숨소리도 내지 않고 붓을 움직였어요.
붓이 비단을 스치는 소리와 새소리가 들릴 뿐이었어요.
앞뜰에서 새들이 재잘대다가 포르릉 날아가면서 다시 주위가
고요해졌어요.
김홍도는 갈수록 신바람이 났어요. 가볍게 춤을 추듯이 어깨를 들었다
내리며 빠르게 붓을 놀렸어요. 이따금 자기도 모르게 콧노래를
흥얼거렸어요.
강세황이 헛기침을 했는데 호랑이 소리가 났어요.

"어흥."

김홍도가 멈칫하며 콧노래를 그쳤어요.
강세황이 빙긋 웃었어요. 김홍도가 흥얼거렸던 가락을 그대로
흉내 내서 콧소리를 냈어요.
두 사람은 붓질을 멈추고 서로 얼굴을 바라보았어요. 함께 고개를
뒤로 젖히며 웃음을 터뜨렸어요.

김홍도는 비단 위쪽에 소나무를 그렸어요. 소나무엔
호랑이가 발톱으로 깊게 할퀸 자국도 그려 넣었어요.
그 아래로 호랑이의 머리와 몸통, 꼬리를 흐릿하게 그렸지요.
그다음 작은 붓 여러 개를 바꾸어 가며, 호랑이 털을 한 올 한 올
정성껏 그려 나갔어요.
천천히 안개가 걷히듯이 호랑이 몸통에서 얼룩무늬가 드러났어요.
얼굴에선 솔잎처럼 곧고 날카로운 털이 사방으로 휙휙 뻗어 나갔어요.
호랑이는 네 다리로 땅을 굳게 디뎠어요. 허리를 틀며 얼굴을 바로 들고
앞쪽을 바라보았어요.

매서운 호랑이의 두 눈에서 불꽃이 번득거렸어요.

강세황네 집 대청마루엔 두 사람이 더 있었어요. 강세황의 처남과 어린 손자 강이천이 함께 그림 구경을 했어요.
강이천은 김홍도의 그림에서 자기를 쏘아보는 호랑이와 눈이 마주쳤어요. 깜짝 놀라 움찔하며 강세황 뒤로 숨었어요. 겨우 얼굴만 내밀고 다시 호랑이 그림을 바라보았어요.
강이천은 잔뜩 겁먹은 얼굴로 속삭였어요.
"할아버지, 무서워요."
강세황이 손자의 머리를 쓱 쓰다듬어 주었어요.
"이 녀석아, 진짜 호랑이를 보면 아예 정신을 잃겠구나."

놀란 표정을 짓기는 강세황의 처남도 마찬가지였어요. 동그랗게 뜬 눈으로 김홍도의 그림을 바라보며 속으로 중얼거렸어요.
'금방이라도 그림에서 와락 뛰쳐나와 동네 개들을 모조리 잡아먹겠어!'
마침내 김홍도는 붓을 내려놓았어요.
김홍도의 호랑이는 용맹하고 듬직할 뿐 아니라 아주 사납고 무서워 보였어요. 아무리 덩치가 크고 무시무시한 짐승을 만나도 물러서지 않을 것 같았어요. 호랑이가 거칠게 숨 쉬는 소리가 귓가에 울리는 듯했어요.
강세황이 허리를 펴며 뿌듯한 얼굴로 말했어요.

"정말 대단하구먼! 지금껏 이렇게 생생하면서 실감 나게 그린 호랑이는 처음 보았네!"

소나무 아래 호랑이 (송하맹호도)

앞을 바라보는 호랑이의 강렬한 눈빛과 당당한 모습이 감탄을 자아낸다.
실감 나고 세밀한 묘사로 무게감과 유연함을 한껏 드러낸
세상에서 가장 멋진 호랑이 그림으로 평가받는다.

김홍도 외 | 제작 연도 미상 | 삼성미술관 리움

호랑이 타고 세상 구경 해 볼까?

흥겨운 장터 사람들

봄날 한낮에 김홍도는 휘적휘적 길을 걸어갔어요.
"어제하고도 풍경이 달라. 하룻밤 사이에 봄 한복판으로 성큼 들어섰어."
눈부신 햇살 아래 나무마다 온갖 꽃이 흐드러지게 피었어요. 달콤한
꽃향기가 허공에 짙게 떠다녔어요.
온 세상에 가득한 건 꽃뿐이 아니었어요. 발길을 내딛는 곳마다 사람들이
넘쳐 났어요. 집 짓는 사람들, 개울에서 빨래하는 사람들이 보였어요.
짐을 가득 실은 마차를 끌고 가는 사람들, 밭을 갈고 씨앗을 뿌리는
사람들도 보였어요.

한쪽에선 많은 사람들이 놀이를 즐겼어요. 활을 쏘는 사람들, 씨름하는 사람들이 눈에 들어왔어요. 씨름을 보려고 모여든 구경꾼들은 하나같이 활짝 웃는 얼굴이었어요. 춤추는 어린아이와 악기를 연주하는 사람들도 몹시 흥겨워 보였어요.

김홍도는 갈수록 낯빛이 밝아졌고 입꼬리가 올라갔어요.

'오늘도 잘하면 마음에 드는 그림 몇 장이 나오겠어.'

김홍도는 키가 크고 호리호리하며, 눈매가 맑고 아주 잘생겼어요.
어떤 곳에 있어도 눈에 뜨이게 돋보였어요.
길을 오가는 사람들이 힐끗힐끗 김홍도를 쳐다보았어요.
"어디 사는 누구신가?"
"인물이 참 훤하네!"
김홍도를 알아보는 사람들도 많았어요.
"여보게, 저분이 그 이름난 김홍도 선생이시지?"
"요즘 통 안 보이시던데, 궁궐에서 그림 그리는 일이 많았나 봐."
김홍도는 이미 임금님 초상화 그리는 일에 두 번이나 참여했어요.
온 나라에 김홍도에 관한 소문이 쫙 퍼져 있었지요.
김홍도는 임금님 초상화를 그릴 때마다 상으로 벼슬을 받았어요.
처음에는 채소와 과일을 가꾸어 궁중에 대는 사포서에서 일하는
낮은 벼슬이었어요. 두 번째 받은 벼슬은 경상도 안기 찰방이었어요.
오늘날의 역장과 우체국장의 일을 함께 맡는 자리였지요.
김홍도는 양반이 아닌 중인 신분이었어요. 그래서 많은 사람들이 임금님
초상화를 그려 벼슬을 받은 김홍도를 부러워했답니다.

큰길을 벗어난 김홍도는 장터로 들어갔어요. 어깨에 멘 보따리를 내려서 풀었어요. 보따리에서 종이 묶음과 먹통과 붓을 꺼내 부지런히 장터 풍경을 그렸어요.

'밑그림을 그려 두었다가 집에 가서 마무리해야지.'
다시 발을 떼고 얼마만큼 걷다간 또 멈추어 서서 그림을 그렸어요.
잠깐 사이에 예닐곱 장이나 그림을 그렸지요.

다시 장터를 거니는데 포목점에서 주인이 달려 나왔어요.

"단원 선생이 여긴 어쩐 일이십니까?"

단원은 김홍도의 호였어요. '박달나무가 자라는 동산'이라는 뜻인데, 박달나무는 아주 단단한 나무예요. 김홍도는 한번 뜻을 품으면 꿋꿋이 나아가는 사람이 되고 싶었어요. 그래서 스스로 이런 호를 지었어요.

김홍도가 포목점 주인에게 되물었어요.

"여러 번 그림을 받으러 우리 집에 왔다가 헛걸음했다지요?"

포목점 주인이 안타까운 얼굴로 대답했어요.

"예, 며칠 전에도 아침에 댁에 들렀는데요. 간밤에 밖에서 주무시고 안 돌아오셨다고 하더군요."

"먼 곳에 좋은 볼거리가 있다고 해서, 그림에 담으려고 다녀왔지요."

김홍도는 포목점 앞에 놓인 평상에 걸터앉았어요. 포목점 주인이 김홍도를 쳐다보며 입술을 달싹였어요. 김홍도는 포목점 주인이 무슨 부탁을 하려는지 알아챘어요.
"오늘 그림을 몇 장 그려 드리다. 풍속화도 괜찮겠지요?"
"여부가 있겠습니까? 풍속화라면 단원 선생을 따라올 이가 없지요!"
포목점 주인이 엄지손가락을 세워 보이고 포목점 안으로 달려 들어갔어요. 고운 비단과 화선지를 한 아름 들고 나와 평상에 내려놓았어요.
김홍도가 평상에 올라앉아 화선지 묶음을 앞으로 당겼어요.
"화선지가 낫겠어요. 여러 장 그리려면 먹물이 잘 말라야 하니까요."
포목점 주인이 선뜻 고개를 끄덕거렸어요.
"비단은 사례로 드리지요. 가져가서 다른 그림을 그릴 때 쓰세요."
김홍도는 화선지 네 귀퉁이를 반듯하게 펴고 두루마기를 벗었어요. 포목점에서 일하는 아이가 곁에 앉아 벼루에 먹을 갈았어요.
김홍도는 아까 밑그림을 그려 둔 장터 풍경을 화선지에 옮겼어요. 늘 그랬듯이 아주 가볍고 날렵하게 붓을 놀렸어요. 얼마 지나지 않아 한 장을 다 그렸어요. 또다시 화선지를 펼쳐 새로운 그림을 그렸어요.

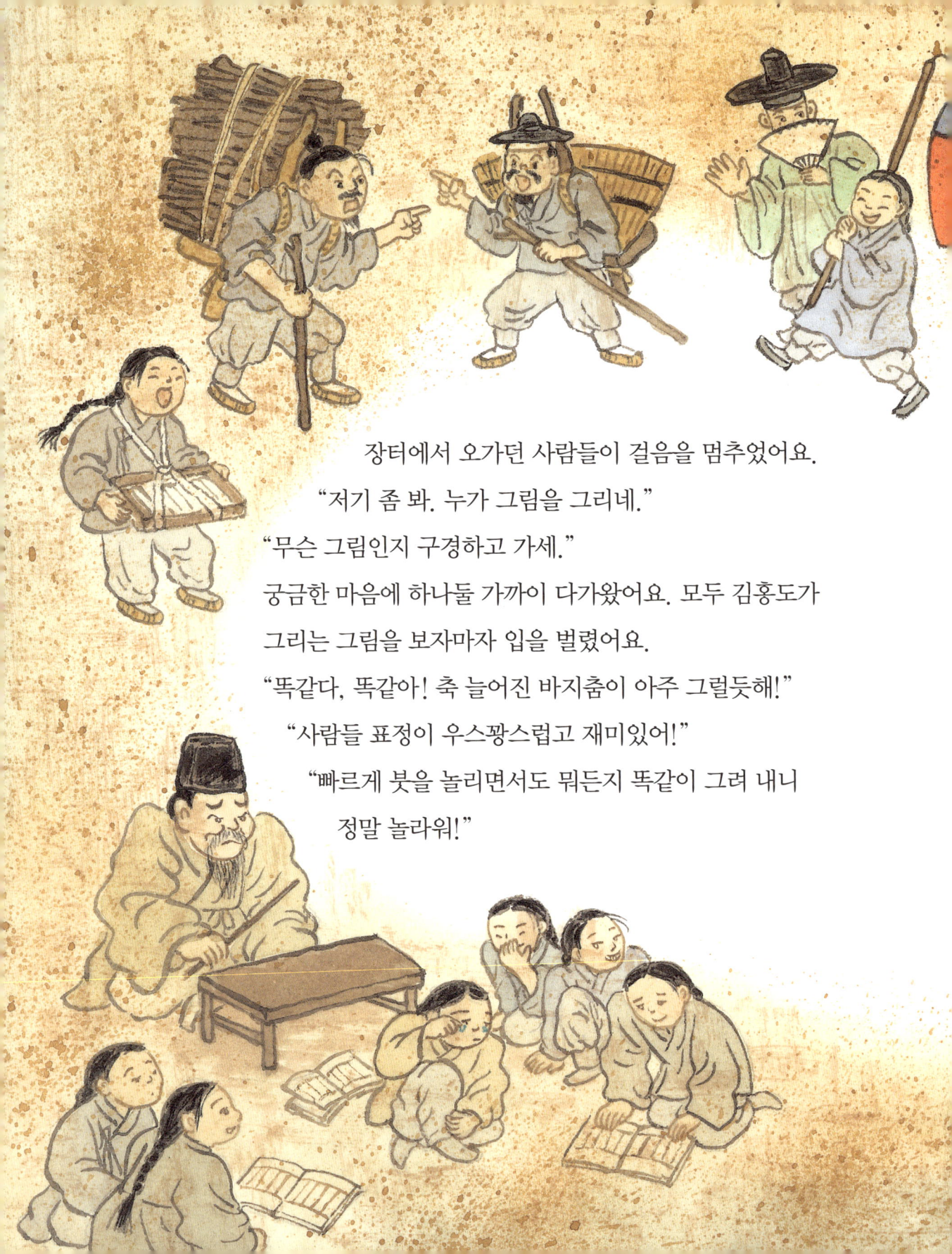

장터에서 오가던 사람들이 걸음을 멈추었어요.
"저기 좀 봐. 누가 그림을 그리네."
"무슨 그림인지 구경하고 가세."
궁금한 마음에 하나둘 가까이 다가왔어요. 모두 김홍도가 그리는 그림을 보자마자 입을 벌렸어요.
"똑같다, 똑같아! 축 늘어진 바지춤이 아주 그럴듯해!"
"사람들 표정이 우스꽝스럽고 재미있어!"
"빠르게 붓을 놀리면서도 뭐든지 똑같이 그려 내니 정말 놀라워!"

평상 앞쪽에 선 지게꾼이 곁에 선 나무꾼에게 말했어요.
"여보게, 저 나무꾼은 꼭 자네처럼 생겼네."
나무꾼이 고개를 갸웃거렸어요.
"내가 저렇게 못생겼다고?"
김홍도가 고개를 들지 않고 계속 그림을 그리며 말했어요.
"내 딴에는 실물보다 낫게 그리려고 애썼다오."
그러자 모든 사람들이 배꼽을 잡고 깔깔 웃었어요.

씨름

씨름판에 팽팽한 긴장감이 감도는 가운데,
등을 돌리고 선 엿장수의 무덤덤한 표정이 재미있다.
위아래 구경꾼을 배치하고, 가운데 씨름꾼을 배치한 원형 구도이다.

김홍도 | 제작 연도 미상 | 단원풍속도첩 | 국립중앙박물관

춤추는 아이(무동)

음악과 춤이 어우러진 흥겨운 장면이 저절로 어깨를 들썩이게 한다. 삼현 육각이라는 우리나라 전통의 악기 편성이며, 왼쪽 악기부터 북, 장구, 피리, 피리, 대금, 해금이다.

김홍도 | 제작 연도 미상 | 단원풍속도첩 | 국립중앙박물관

그림에 관한 일은 모두 홍도에게!

정조 임금님이 김홍도를 궁궐로 불렀어요. 김홍도는 임금님들의 초상화와 글과 그림을 보관하는 서향각으로 갔어요. 이미 여러 신하들이 모여 있었어요.

서향각 벽에 정조 임금님의 초상화 세 점이 걸려 있었어요. 가운데에 걸린 초상화는 이미 완성된 그림이었어요. 그림 뒷면과 테두리에 종이와 천을 발라서 표구해 놓았어요. 이런 그림을 '족자'라고 부르지요.

족자 오른쪽엔 그날 아침에 화원들이 급하게 그린 그림이 걸려 있었어요. 족자 왼쪽엔 열 번쯤 고치고 덧붙여 그린 그림이 걸려 있었어요. 둘 다 기름종이에 그린 그림인데, 이런 그림을 한자로 '유지'라고 불러요.

임금님이 신하들에게 일렀어요.

"여기 세 그림 가운데 어떤 그림이 가장 나은지 말해 보아라."

신하들이 앞으로 나가서 그림들을 잘 살펴보았어요. 서로 의견을 나누더니 임금님에게 아뢰었어요.

"족자본이 제일 낫다고 생각됩니다."

좌의정 채제공은 다른 신하들과 의견이 달랐어요.

"왼쪽 유지본이 더 나으니 비단에 옮기면 좋을 듯합니다."

임금님이 고개를 끄덕였어요.

"내 뜻도 좌의정과 같다."

임금님은 김홍도를 돌아보며 덧붙였어요.

"김홍도는 어떻게 생각하는지 말해 보아라."
김홍도는 그림들을 잘 살펴보고 임금님에게 아뢰었어요.
"오른쪽 유지본을 비단에 옮기되, 족자본을 참조하면 좋겠습니다."
모든 신하들이 눈을 크게 뜨고 김홍도를 바라보았어요.
지금껏 임금님뿐 아니라 어떤 신하도 오른쪽 유지본은 거들떠보지도
않았어요. 그런데 김홍도만 그 그림이 가장 낫다고 본 것이었어요.
임금님과 생각이 다르니 머뭇거릴 만했어요. 하지만 대뜸 당당하게
자기 뜻을 밝혔지요. 임금님이 고개를 가로저었어요.
"오른쪽 유지본은 대충대충 그린 것이니, 여기서 더는 논할 바가 아니다."
결국 왼쪽 유지본을 살려 초상화를 완성하는 쪽으로 결론이 내려졌지요.

임금님이 신하들을 물러가게 하며 김홍도에게 일렀어요.

"김홍도는 그대로 남아 있어라."

임금님은 지금처럼 그림에 대한 생각이 김홍도와 다를 때도 있었지만, 대부분의 경우엔 김홍도의 의견을 존중했답니다. 화원들 가운데 가장 뛰어난 솜씨를 지닌 김홍도를 무척이나 아꼈기 때문이었지요.

임금님이 남긴 그림들을 보면 김홍도의 화법을 따라 그린 그림이 많답니다.

나중에 임금님이 쓴 글에 이런 대목이 있어요.

'김홍도는 삼십 년 전에 내 초상을 그렸는데, 그 뒤로 그림에 관한 일은 모두 홍도에게 책임지고 맡게 하였다.'

오늘 임금님은 김홍도와 단둘이 남게 되자 새로운 이야기를 꺼냈어요.
"네 그림은 일찍이 내가 보아 온 풍경화 가운데 최고다. 그 그림을 볼 때마다 얼마나 큰 위안을 얻는지 모르겠구나."
세 해 전에 김홍도가 한 달 넘게 금강산 일대를 돌며 그린 그림 이야기였어요.

무려 오십 미터가 넘는 두루마리 그림인데 궁궐 벽에 걸려 있었지요.
임금님은 보통 사람들처럼 아무 데나 마음대로 돌아다닐 수 없었어요.
금강산처럼 먼 곳에 다녀오는 일은 엄두도 내지 못했어요.
임금님은 김홍도가 아름다운 풍경을 직접 보고 그려 온 그림을 보며
아쉬움을 달랬어요.

임금님이 흐뭇한 미소를 머금으며 덧붙였어요.
"네가 이번에 또 먼 길을 다녀와야겠구나. 연풍 현감으로 보낼 터이니, 틈날 때마다 사군의 경치를 그리도록 하라."
임금님이 말한 사군이란 단양과 청풍, 제천, 영월을 뜻했어요. 하나같이 경치가 빼어나기로 이름난 곳이었지요.

"네가 아니면 누가 그런 절경을 제대로 화폭에 옮길 수 있겠느냐?"

김홍도는 임금님의 칭찬에 몸 둘 바를 몰라 했어요.
"황송하옵니다, 전하."
얼마 뒤에 김홍도는 충청도 연풍으로 떠났어요. 그 고을의 백성들을 열심히 다스리는 한편, 정조 임금님의 뜻대로 가까운 여러 지방의 풍경을 그리며 삼 년 넘게 지냈답니다.

총석정

강원도 통천군에 총석정이 있다. 총석정은 관동 팔경의 하나로, 여러 개의 현무암 돌기둥이 바닷가에 솟아 있어 절경을 이룬다. 물거품 위로 날아오르는 새 두 마리가 생동감을 더해 준다.

김홍도 | 1795년 | 을묘년화첩 | 개인 소장

신선을 부르는 악기 연주

오늘은 김홍도가 벗들과 남산에서 아회를 갖기로 약속한 날이에요.
'아회'는 선비들이 글을 짓고 그림을 그리며 노는 모임이랍니다.
김홍도가 남산에 이르렀을 땐 해가 서쪽으로 많이 기운 뒤였어요.
예닐곱 사람이 정자에 앉아 있었어요. 붓글씨를 쓴 종이들이 어지러이 널려 있었지요.
모두 큰 소리로 김홍도를 맞았어요.
"이 사람아, 이제 오면 어떻게 하나?"
"온종일 그림을 그리느라 약속을 잊은 줄 알았지 뭔가!"
김홍도가 허허 웃으며 대꾸했어요.

"나도 가끔은 붓을 놓고 쉬어야지. 그래야 붓도 쉴 수 있지 않겠나?"

내 오늘 거문고 솜씨 한번 보여 주지.

그 자리엔 여러 학자들이 있었어요. 정조 임금님이 책에 관한 일을 맡기며 무척 아끼는 학자들이었지요. 모두가 김홍도와 형님 동생 하며 가까이 지냈어요.
"단원이 왔으니 우리 신 나게 놀아 보세."
누군가 시를 지어서 우렁차게 읊었어요. 그러자 김홍도는 거문고를 당겨 무릎에 올리고 곡을 연주했어요.

비바람이 몰아치다가 가볍게 꽃잎이 날리듯이, 빠르고 느리고 강하고 약하게 줄을 퉁겼어요. 거문고 소리가 시를 읊는 소리와 장단이 딱 맞았어요. 여러 사람이 손바닥으로 무릎을 치며 웃었어요.

"두 가지 소리가 서로 밀고 당기고 뒤섞이니
정말 흥미진진하구나!"

김홍도는 어떤 악기든지 악사 못지않게 잘 다루었어요. 거문고를 멋지게
연주할 뿐 아니라, 대금과 생황과 퉁소를 부는 솜씨도 기가 막혔어요.
벗들이 한데 어울려 즐겁게 노는 사이에 날이 어둑해졌어요.
그러나 아무도 그만 일어날 생각을 하지 않았어요.
옆에 앉은 선비가 김홍도에게 퉁소를 내밀었어요.

"형님, 이 소리로 하늘의 신선을 불러 보시지요?"

모두 기다렸다는 듯이 김홍도를 쳐다보았어요.
김홍도는 빙긋 웃더니 퉁소를 불기 시작했어요.

바로 그때 동쪽 산골짜기에서 보름달이 둥실 떠올랐어요. 마치 김홍도의 퉁소 연주를 들으려고 서둘러 올라온 듯했어요.
퉁소 소리가 어찌나 맑고 곱던지, 숲 속에서 바스락대던 짐승들이 움직임을 멈추고 귀를 쫑긋 세웠어요. 바삐 집으로 돌아가던 새들도 정자 가까이 날아와 허공을 맴돌았어요.
금세라도 하늘에서 신선이 퉁소 가락을 듣고, 학을 타고 내려올 것만 같았어요. 누군가 작게 중얼거렸어요.

"단원은 멀리서 보면 신선이요, 가까이서 보면 사람이다."

옆 사람이 그 말을 받았어요.
"옛사람들이 일컫는 신선이란 곧 이런 사람이 아니겠는가!"

단원도

김홍도는 자기 집에서 벗들과 즐거운 시간을 보낸 일을 기념하여 이 그림을 그렸다. 거문고를 타는 사람이 김홍도이다. 아담하고 소박한 집 주위에서 오동나무와 소나무, 버드나무가 자라고 학이 노닐고 있다.

김홍도 | 1784년 | 개인 소장

화가가 되고 싶어?

김홍도는 한낮에 방에서 비스듬히 누워 있다가 깜박 잠들었어요.
얼마 뒤 어디선가 들려오는 까치 소리에 눈을 떴어요. 오늘따라 그 소리가 아주 또렷하고 시원스러웠어요.
"반가운 손님이 오시려나?"
김홍도는 끙 소리를 내며 겨우 자리에 일어나 앉았어요.
김홍도의 나이 쉰여섯 살 때, 정조 임금님이 갑자기 세상을 떴어요.
그 뒤로 김홍도는 큰 시름에 빠져 오래도록 붓을 들지 못했어요. 게다가 부쩍 몸이 아플 때가 늘었어요. 도화서에 나가지 못하고 집에 누워 지낼 때가 많았지요.

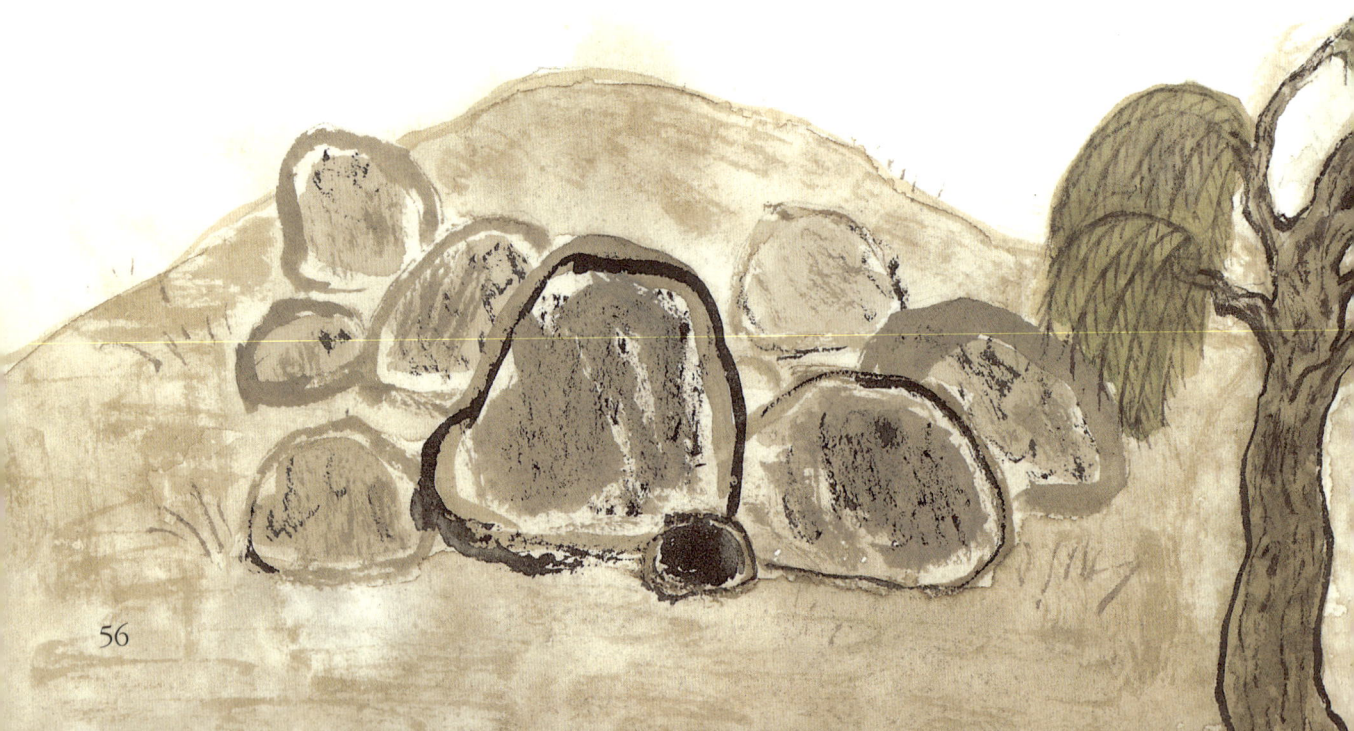

김홍도는 손을 뻗어 앞뜰로 난 문을 열었어요. 따사로운 봄 햇살이 온몸으로 달려들었어요.

"아버지, 몸은 좀 괜찮으세요?"

열 살 난 사내아이가 마루 끝에서 김홍도를 돌아보고 물었어요. 김홍도가 나이 오십이 다 되어 얻은 외아들 양기였지요.

"어제보다는 낫구나. 거기서 혼자 뭐 하니?"

"그림 그리던 중이었어요."

김홍도는 힘겹게 문턱을 넘어 마루로 나앉았어요.

오래전 일이 머릿속을 스쳐 갔어요. 김홍도가 충청도 연풍을 다스리던 때였어요. 고을에 가뭄이 들어 논밭이 쩍쩍 갈라졌어요. 김홍도는 가까운 상암사 불상에 금칠을 하고 법당 벽에 불화를 그려 넣었어요. 부처님께 비를 내려 달라며 제사를 올렸지요.

그리고 그때까지 자식이 없었던 터라 아들을 하나 갖게 해 달라고 빌었어요. 그렇게 해서 낳은 아들이 바로 양기랍니다.

양기는 엉금엉금 길 때부터 그림 그리기를 좋아했어요. 틈만 나면 종이와 붓을 갖고 놀았어요.

"서당엔 잘 다녀왔니?"

"예, 오늘 어려운 한자를 잘 읽었어요. 훈장님이 칭찬해 주셨어요."

김홍도는 아들의 머리를 쓱 쓰다듬었어요.

"참 잘했구나."

아들의 눈길을 피해 허공을 올려다보며 작게 말했어요.

"그나저나 훈장님께 드려야 할 월사금이 여러 달째 밀렸네."

한마디 덧붙이려다가 속으로 웅얼거렸어요.

'곧 그림이 팔리면 드릴 테니까 너무 걱정하지 마라.'

양기가 좀 전에 그린 그림을 앞으로 내밀었어요.

"아버지, 이 그림 좀 봐 주세요."

김홍도는 그림을 받아 들고 들여다보았어요.

"바위와 꽃을 잘 그렸구나. 그런데 호랑나비 무늬를 대충 그렸네?"

양기가 콧등을 찡그렸어요.
"호랑나비가 자꾸만 이리저리 날아다니잖아요."
김홍도가 빙그레 웃었어요.
"나비가 늘 날아다니진 않잖니. 앉아서 쉴 때 무늬를 잘 봐 두어라."
김홍도는 아들을 곁에 앉히고 물었어요.
"그림 그리는 일이 재미있니?"
"예, 아버지. 그리면 그릴수록 재미나요."
김홍도는 아들의 어깨를 토닥이며 또 물었어요.
"이다음에 꼭 화가가 되고 싶어?"
"예, 아버지처럼 조선에서 으뜸가는 화가가 될래요."
김홍도는 어린 아들이 대견해서 눈시울이 시큰해졌어요.

김홍도는 뒤로 손을 뻗어 그림 한 장을 집어 들었어요. 〈봄 맞아 지저귀는 까치〉라는 그림이었어요.

"활짝 꽃이 핀 이 나무는 무슨 나무지?"

양기가 그림을 가까이 들여다보고 대답했어요.

"복숭아나무요. 개울로 내려가는 길에도 이 나무가 있어요."

그러고는 한껏 목소리를 높였어요.

"아버지, 까치가 울면 반가운 손님이 온다잖아요."

"그래, 이 그림엔 반가운 손님을 기다리는 마음이 담겨 있어. 무언가 좋은 일이 벌어지기를 바라는 마음이기도 해."

양기가 갑자기 벌떡 일어서며 외쳤어요.
"오늘 아버지에겐 어떤 일이 좋은 일인지 알겠어요!"
양기는 얼른 그림 그릴 도구를 가져왔어요.
"바로 저와 함께 까치 그림을 그리는 일이에요."
김홍도의 얼굴에 미소가 번졌어요. 금세 눈빛이 사뭇 밝아졌고,
꾸부정하던 어깨와 허리가 바로 펴졌어요.
"그럼 누가 까치를 멋지게 잘 그리는지 겨루어 볼까?"
양기가 뒤통수를 긁으며 멋쩍게 웃었어요.

"제가 어떻게 감히 아버지와 솜씨를 겨루겠어요? 하지만
까치를 잡아다가 그림 속에 잘 넣어 볼게요."

김홍도는 아주 오래전에 누군가와 비슷한 대화를 나눈 느낌이 들었어요.
참으로 오랜만에 기운을 차리고, 아들과 나란히 앉아 도란도란 이야기를
나누며 그림을 그리기 시작했답니다.

봄 맞아 지저귀는 까치 (춘작보희도)

봄에 핀 복숭아꽃 위에서 까치들이 놀고, 한 마리는 넓은 공간으로 날아가고 있다.
복숭아나무와 까치, 여백이 어우러진 아름답고 활기찬 그림이다.
까치들이 깍깍 우는 소리가 귓가에 울리는 듯하다.

김홍도 | 1796년 | 절세보첩 | 삼성미술관 리움

김홍도 1745~1806(?)

김홍도는 영조 임금이 나라를 다스리던 1745년에 태어났다. 김홍도의 집안엔 가까운 조상 가운데 그림 그리는 일을 했던 사람이 없었다. 어린 김홍도는 그림을 아주 잘 그렸고, 7~8세 무렵부터 사대부 출신으로 문인 화가였던 강세황의 집을 드나들며 그림을 배웠다. 김홍도는 스무 살 때 도화서 화원이 되었다. 스물아홉 살 때는 영조 임금과 왕세자 정조의 초상화 그리는 일에 참여했다. 정조는 서른 해 넘게 김홍도를 곁에 두고 지내며 나랏일에 관한 그림을 도맡아 그리게 했다.

김홍도는 화원이 된 뒤부터 마흔 해가 넘는 오랜 세월 동안 삼천 점 넘게 그림을 그렸다. 오늘날 우리가 볼 수 있는 그림은 삼백 점 남짓이다. 김홍도는 풍속화만 잘 그린 것이 아니다. 산수화, 인물화, 신선도, 영모화, 불화 등 여러 분야의 그림을 탁월하게 그려 냈다.

1800년에 정조 임금이 갑자기 세상을 뜨자 김홍도는 큰 충격을 받았다. 그때 김홍도의 나이는 쉰여섯 살이었다. 그 뒤로 시름시름 앓더니 온갖 병에 시달리며 화원 생활을 힘겹게 이어 갔다. 결국 김홍도는 도화서를 떠났고, 더는 손에 붓을 들지 않았다. 그리고 1806년에 세상을 떠났다고 전해진다.

김홍도가 쉰 살이 다 되어 낳은 아들 양기도 자라서 화가가 되었다. 추사체로 이름난 서예가 김정희한테서 칭찬을 들을 만큼 그림을 잘 그렸다. 김양기는 아버지가 남긴 글씨와 그림을 모으고 여러 사람의 평을 실어 『단원유묵첩』을 냈다. 그래서 후세 사람들이 두고두고 조선에서 으뜸가는 화가였던 아버지 김홍도를 기릴 수 있게 해 주었다.

김홍도의 주요 작품으로는 『단원풍속도첩』, 『금강산군첩』, 『을묘년화첩』, 『절세보첩』, 〈단원도〉, 〈추성부도〉, 〈신선들〉, 〈포의풍류도〉, 〈나비와 노는 고양이〉 등이 있다.